AF232919

MA PENSÉE

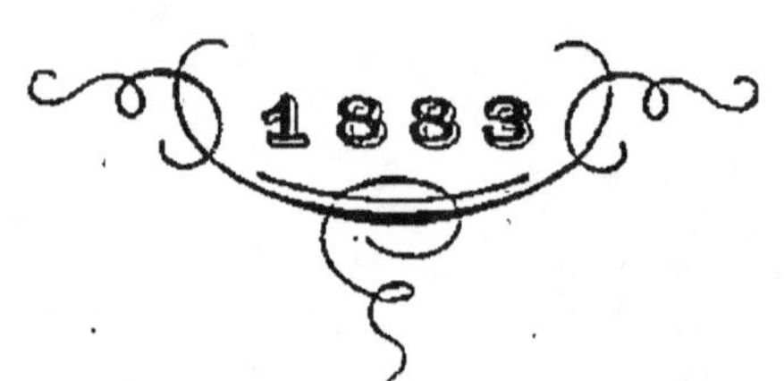

PARIS

IMPRIMERIE J. PICHON, RUE TIQUETONNE, 55

—

1883

MA PENSÉE

MA PENSÉE

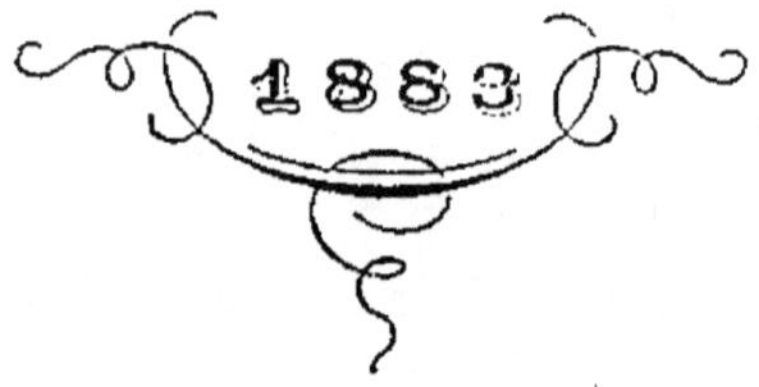

PARIS

IMPRIMERIE J. PICHON, RUE TIQUETONNE, 55

1883

MA PENSÉE

En livrant ma pensée à la publicité, j'ose espérer qu'elle servira à l'humanité toute entière.

Pendant longtemps j'ai habité Paris, dans mon séjour je fus atteint d'une maladie qui m'inquiéta beaucoup par sa longueur et les souffrances aigües que j'éprouvais ; je consultai plusieurs médecins, les uns après les autres, suivant ponctuellement leurs ordonnances ; las de n'éprouver aucun soulagement, je consultai des célébrités et des spécialistes dans l'art de la médecine, et loin d'obtenir du soulagement ma maladie s'aggravait et ma santé était devenue tellement mauvaise, que peu s'en fallu je perdisse la vie.

Enfin, pour toute consolation, après toutes les consultations des hommes de l'art et les observations les plus grandes de leurs ordonnances, ne voyant s'opérer en moi aucune amélioration, qu'au contraire ma maladie s'aggravait ; plusieurs célébrités déclarèrent ma maladie incurable, voilà le mot final et la dernière ressource de la science médicale qui équivaut à dire : cherche le remède toi-même ; ou va mourir où tu pourra puisque la science est incapable.

Après tous les sacrifices que j'ai dû faire pendant plus de quatre années, tout en étant obligé de vivre de mon travail ; que pouvait-il me rester à faire : écouter les avis des uns et des autres étant abandonné à moi-même ; consulter les gens qui ne connaissent aucunement la médecine, dont ces braves docteurs ignorants, pourchassent et poursuivent devant les tribunaux, dans la crainte qu'ils nuisent à leur réputation honorable, cependant ces braves gens font quelquefois des cures étonnantes, par des moyens aussi simples que peu dispendieux.

Un jour, un ami me conseilla d'aller voir un homme d'une très grande simplicité et qui, déjà avait guéri bien des personnes ; peut-être pourra-t-il pour vous, obtenir quelque soulagement, au cas il ne pourrait vous guérir, j'écoutai son conseil, j'y fus plutôt par curiosité, n'ayant aucune foi dans ces génies de guérisseur.

A ma première visite qui dura tout au plus quinze minutes, ce guérisseur me plaça devant lui, me regardait et me touchait ; quel ne fut pas mon étonnement lorsqu'après quelques instants j'éprouvais un espèce de soulagement, je ne savais véritablement que penser de ce qui se passait ; enfin, je me demandais quelle influence peut donc avoir sur moi le regard et le toucher de cet homme, ne comprenant rien à tout ce qui s'opérait en moi, je lui demandai quelques explications, alors il me répondit que c'était simplement son action fluidique qui agissait sur moi et que tout être possède un fluide plus ou moins fort, dont il peut se servir avec avantage en raison du sujet avec lequel il est en rapport.

Satisfait pour la première fois d'avoir obtenu un résultat, je me promis d'y revenir une seconde fois, et, en effet, j'y revins, et cette fois j'obtins un meilleur résultat, enfin encouragé par ces deux premières visites je commençai à ajouter foi dans les paroles de mon ami, et de loin en loin, c'est-à-dire de quinzaine en quinzaine, je retournai chez le guérisseur pendant un certain temps et je finis, non pas à me convaincre de l'influence des fluides du guérisseur sur moi, mais bien d'avoir la certitude d'être guéri radicalement par le simple contact d'un homme dont les fluides ont une telle puissance pour la guérison de maladies dont les médecins sont impuissants et qualifient d'incurable une maladie qui n'a besoin d'aucune intervention de médicaments.

Donc, puisqu'il en a été ainsi pour moi il n'y a pas de raison pour que le même résultat puisse être obtenu sur d'autres personnes.

Allons, messieurs les docteurs, un peu moins d'entêtement pour votre science inutile, un peu moins d'orgueil pour votre métier, ne martyrisez pas ces hommes simples qui rendent des services à l'humanité, et ne soyez pas les renégats d'une étude à faire que vous ignorez, ou si vous ne l'ignorez pas, ne soyez donc pas les bourreaux de l'humanité.

Allez à l'école pour apprendre à connaître l'influence des fluides que chacun possède, et si vous la connaissez mettez-là en pratique, vous supprimerez bien des maux qui occasionnent la misère.

Maintenant que chacun pense et apprécie mon exposé, ne sera-t-il pas porté à se demander: mais à quoi peut donc servir des études aussi longues pour arriver au doctorat? avoir seul le droit d'exercer la médecine qui ne guérit pas, de poursuivre les pauvres gens qui n'ont qu'un but : soulager leurs semblables ; mais n'est-ce pas être trop aveugle ou par trop autoritaire, que d'avoir seul le droit d'exercer une industrie qui n'a qu'un but, faire souffrir l'être humain, lui arracher ses quelques économies, et le laisser languir pendant le reste de son existence.

Il serait bien préférable que ces messieurs aient un peu moins de connaissances médicales, un peu plus de connaissances scienti-

fiques et beaucoup moins dépourvu de sen-
timents humanitaires.

A l'appui de mes dires, je citerai quelques
rapports de professeurs d'école de médecine,
de docteurs célèbres, qui eux-même déclarent
hautement l'impuissance de la médecine,
l'ignorance de la plupart des docteurs en
herbes qui n'atteindront jamais la vraie
science, en raison de la vieille routine dont
ils sont imprégnés ; les autres, par leur
mutisme aveugle ne reconnaissant d'autre
science que celle qu'on leur a démontrée ou
la plupart celle qu'ils ont pu retenir, ou
n'ont même pas voulu étudier, préférant
l'étude du bock et la culture du quartier
latin, forts d'eux-mêmes, par leur audace,
secondés et appuyés par la magistrature,
pour assurer leur parfait fonctionnement
de leur industrie en cas de différents avec
le troupeau qu'ils ont entrepris de soigner,
à grands frais il est vrai, mais il faut aussi
assurer leur existence.

Citons quelques faits ; inutile de s'étendre plus longuement pour l'instant.

A la page 327 de l'annuaire de l'association des médecins 1863, le docteur Duclos (de la Société d'Indre-et-Loire), dit dans son rapport : « Nous sommes tous les auxiliaires de la médecine illégale par nos dissensions intérieures.

Il est vraiment difficile que le public prenne confiance en nous, quand nous ne cessons de nous témoigner mutuellement une complête et absolue défiance... Grâce à nos discordes, etc., etc., nous sommes tous d'ailleurs, il faut bien l'avouer, à des idées d'un autre temps sur ce que nous appelons les droits de la médecine. Facilement nous inclinons à considérer le malade comme étant en quelque sorte la propriété du médecin, idée parfaitement fausse, dont les pays plus avancés que le nôtre ont déjà fait justice, et qui nous conduit à réclamer toujours le concours de l'autorité. »

Autre : le docteur N.-M. Chauvet, dans son livre de philosophie médicale, adressé à M. le professeur Trousseaux, pages 11 et 12 s'exprime ainsi:

Qu'est-ce-que la médecine?

« L'art de guérir, dit-on, ou pour parler plus exactement, de traiter les maladies. Quel est le sujet sur lequel cet art prétendu s'exerce? L'homme.

La médecine a-t-elle appris, du moins à connaître l'homme, son sujet spécial, depuis deux mille ans qu'elle disserte, discute, expérimente sur lui, appelant à son aide et mettant à contribution la nature entière? Non. — Connait-elle mieux les instruments dont elle se sert pour atteindre son but essentiel, qui est de guérir? Non encore. — Enfin sait-elle procéder à l'application de ces instruments, non pas selon cet art routinier si finement persiflé par Molière, mais selon l'art éclairé par la raison? Pas davantage. — Or, si la médecine ne connait ni son sujet, ni ses instruments, ni la manière de s'en servir, c'est-à-dire ni la maladie, ni le remède, ni l'art d'appliquer celle-ci, celle-la, qu'est-elle donc grand Dieu?... une erreur de vingt siècles, et, vu l'extrême importance des intérêts qu'elle atteint directement ou indirectement, une erreur des plus funestes ne tendent à rien moins, entre autres déplorables résultats, qu'à la dégradation physique et morale de l'espèce humaine ; un cahos discordant d'hypothéses absurdes qui ravalent l'homme fort au-dessous de la plus grossière machine et élève le savetier fort au-dessus du plus habile médecin. »

Autre : le célèbre Bichat, professeur à l'École de Médecine de Paris, s'exprime ainsi dans son aut. gén., considérations générales: « il n'y a pas eü, dit-il, en matière médicale de systêmes généraux ; mais cette science a été tour à tour influencée par ceux qui ont dominés en médecine. Chacun a reffué sur elle, si je puis m'exprimer ainsi; delà le vague, l'incertitude qu'elle nous présente aujourd'hui; elle est peut-être de tous les systèmes physiologiques, celui où se peignent le mieux les travers de l'esprit humain.

Que dis-je ? ce n'est pas une science pour un esprit méthodique, c'est un assemblage informe d'idées inexactes, d'observations souvent puériles, de moyens illusoires, de formules aussi bizarrement conçues que fastidieusement assemblées.

On dit que la science de la médecine est rebutante; je dis plus, elle n'est pas sous certains rapports, celle d'un homme raisonnable, quand on en puise les principes dans la plupart de nos matières médicales, etc., etc.

Autre: le docteur Audin-Rouvière, ancien professeur d'hygiène, écrit (la médecine sans médecins), consultez vingt médecins, n'aurez-vous pas vingt avis différents? ne faut-il pas qu'il y en ait au moins dix-neuf d'erronés? car il n'est pas un seul de ces messieurs qui n'accuse son confrère d'ignorance; c'est à qui l'emportera sur ses rivaux.... Dans ces vingt médecins, vous aurez le type de la foule des autres.

Autre : à la page 6 de l'Examen Critique du docteur Libert, ancien chirurgien des hôpitaux de Paris :

« J'ai été à même plus que personne d'apprécier l'insuffisance de la médecine et quelquefois ses fâcheuses conséquences; n'ai-je pas même vu, en effet, que les médecins qui mettaient en usage la pratique la plus active étaient ceux dont la feuille des morts était la plus garnie à la fin du mois; si l'exercice de notre art offre des chances si peu favorables entre les mains des praticiens les plus instruits et les plus consommés, que nous présentera-t-il, si nous descendons dans la pratique des médecins pris en masse?

Autre : le docteur Munaret (du Médecin des Villes et des Campagnes, pages 485 et 470) dit:

« Depuis Hippocrate jusqu'à nous, que de

discusions, d'études, d'essais! qu'ont-ils rapporté à la science? une vérité par mille erreurs au plus, temps perdu à rêver de présomptueux et insensés systèmes, temps perdu à les combattre, temps perdu à les ressuciter sous un autre nom, etc. etc., Oh! que de temps perdu!

Autre: le docteur Peschier, de Genève, nous dit: « La littérature médicinale n'est donc plus qu'un nécrologe, elle n'enregistre donc que des décès, elle n'apprend donc plus au monde que le pourquoi et le comment les ex-malades sont morts. La médecine se fait son progrès à elle-même, les médecins impriment et affichent leur incapacité, ils proclament donc hautement, qu'il vaut autant, si ce n'est pas mieux, quand on est malade, se confier aux soins de la nature que d'invoquer les leurs; ils hatent peut-être, car certainement ils n'arrêtent pas la mort.

Voilà donc à quoi leur sert d'être savants, c'est-à-dire, en deux volumes, que les mala-

des sont morts et dans quel état ils étaient
après leur mort; mais n'est-il pas plus déplo-
rable que l'art de guérir ne devienne que
celui de décrire des cadavres? La médecine
a-t-elle donc cédé la place à l'anatomie
pathologique, et les hôpitaux sont-ils chan-
gés en salle de repos?

Autre : le docteur Marizon, président du
Conseil de santé de Londres, nous rapporte
dans ses *Nouvelles vérités médicinales page* 15

« J'en appelle, dit-il, à tous les hommes
valides, comme à tous ceux qui ont eu le
malheur de ne point l'être, et je leur demande
si, en suivant les conseils et ordonnances
des médecins, ils n'ont trouvé autre chose
que déception et souffrance, et pourtant
ceux-ci leur faisaient épuiser tous les trésors
de la pharmacopée. Cette science n'a point
de principes fixes, point de systèmes arrêtés!
mais comment en serait-il autrement? Est-ce
en lisant dans nos universités, nos collèges,
des traités remplis d'erreurs, de superstitions

de systèmes innonbrables, d'opinions qui se contredisent à chaque instant, ou qui ne se combattent que pour la gloire d'une existance éphémère; est-ce en lisant de tels ouvrages qu'on peut arriver.

Je pourrais encore faire une foule de citations très intéressantes sur la médecine expérimentale et la médecine d'observation (cours de M. Claude Bernard de l'Académie française, de l'Académie des sciences de Paris et de la Société royale de Londres mais toutes ces citations démontrent exactement celles qui précèdent.

Pendant tout le cours de ma maladie et surtout pendant mon dernier traitement, j'ai eu l'occasion d'être mis en rapport avec des personnes dont j'étais loin de m'attendre à un acceuil aussi cordial, et surtout d'avoir eu l'avantage de m'entretenir sur des sujets qui ont attiré mon attention; au début j'ouvrais les oreilles et je ne savais si réellement les faits qu'on me racontait n'étaient, pas une mystification, mais voyant ce qui s'opèrait sur ma personne après tout ce que j'avais enduré par les docteurs s'intitulant hommes célèbres du corps médical, je me suis appliqué à observer toutes les explications qui m'étaient faites sur la communication des ffuides sur les corps et les avantages qu'on peut en tirer au point de vue du bien-être de l'humanité.

Plus j'avançais dans ces études plus mes visites étaient fréquentes chez la personne qui possédait la faculté de guérir, plus je raffermissais mes convictions et y apportais d'intérêt à ces études purement scientifiques à première vue et à première explication on est tout d'abord porté au ridicule et à la négation complète de tous les faits qui cependant s'obtiennent, ensuite pour la personne qui systématiquement s'obstine à combattre sans avoir vu ni étudier une chose qu'elle ne connait pas et dont elle n'a jamais entendu parler et encore moins vu des effets se produire, est simplement ridicule, car il ne faut jamais combattre ce qu'on ne connais pas; mais aussi il ne faut pas être crédule aveugle, il faut être seulement de bonne foi, accepter ce qui se voit, ce qui se sent, en un mot faire l'étude des causes et des effets; de cette étude à l'étude médicale, il y a loin; on pourrait dire, ce sont les deux extrêmes, l'une, en traitant le corps démoralise peu à peu l'être humain et le conduit lentement et fatalement à la mort.

L'autre, en traitant la partie spirituelle, ranime l'être, lui relève le moral et contribue à son rétablissement, il est vrai, qu'à la mort on lui trouve toujours un tort, mais dans tous les cas, un remède émanant directement de la nature ne peut tuer le corps, tandis que l'usage de matières toxiques, aciduleuses, alcalines, salines, etc, ne peut que nuire et entraver le fonctionnement de toute notre économie animale, et plus contribue dans une large part à l'affectation morale et le plus souvent détruit l'existence d'un individu qui aurait pu vivre encore longtemps; de tous ces faits, je laisse à chacun son libre arbitre, afin d'apprecier leur juste valeur; quand à moi je suis fixé, et je dis hautement que le corps médicale n'est composé que d'ignorants, et la raison reste à ceux qui m'ont guéri et qui peuvent en guérir beaucoup d'autres.

Pendant longtemps j'ai observé, étudié, médité sur l'ensemble des causes et effets produits, lorsque ma guérison a été complète, assisté de gens pratiques, me guidant dans ces études nouvelles et m'engageant à mettre en pratique ces études sur les fluides, afin de pouvoir à mon tour, être utile à mes semblables; c'est ce que je fis.

Un jour, pour la première fois, il y a environ six ans, il se présenta à moi une personne qui me fit la description des souffrances qu'il éprouvait depuis plusieurs années par un mal de jambe, je lui demandai à voir dans quel état elle se trouve ; au premier aspect, elle était hideuse à voir, ce n'était que plaies violassées, rouges, jaunes, des trous, des varices crevées, et, en effet, cet homme avait le droit de se plaindre ainsi, il me demanda si je connaissais quelqu'un qui puisse non pas le guérir, mais lui indiquer quelques remèdes pour le soulager, je lui demandai s'il voulait avoir confiance en moi, que moi-même m'étant trouvé dans un état désespéré pendant plusieurs années et abandonné par des docteurs célèbres, et que j'avais été radicalement guéri par le même moyen que celui dont j'ai l'intention de vous faire part, celui de la communication des fluides que chacun de nous possède, je n'ai encore opéré sur personne lui dis-je ; je n'ai pas la prétention de vous guérir, mais je mettrai toute la force de volonté possible à obtenir un résultat.

Cet homme crut au premier abord que c'était une farce, mais le rassurant, il se

prêta à la circonstance et me laissa faire ;
au bout de quelques instants il me déclara
qu'il commençait à éprouver un petit soulagement, alors je continuai pendant environ
une demi-heure, et à son grand étonnement,
un grand soulagement s'était opéré ; je ne
puis pas supposer que ce soulagement
puisse continuer me dit-il, c'est probable-
ment un moment plus calme que je passe,
mais ça ne peut pas continuer ; enfin, je lui
dis, enveloppez votre jambe et vous vien-
drez me voir tous les matins et les soirs et
peut-être arriverai-je à vous guérir comme
je l'ai été moi-même.

Le lendemain matin il revint en me disant
qu'il se trouvait un peu mieux, alors je me
remis à l'œuvre encouragé par cette première fois ; à la seconde séance, le mieux
fut plus sensible et je continuai ainsi pendant dix jours, c'est-à-dire jusqu'au moment
où sa jambe a été dans un état de guérison
presque complète, les jours suivants je ne

faisais qu'une séance le matin, et sa jambe fut radicalement guérie du 15 au 16e jour ; voilà, je crois de la médecine à bon marché, tandis que si les médecins avaient continué encore le même temps que j'ai mis à le guérir, il eût fallu lui couper la jambe et peut-être perdre la vie.

Après cette cure, je n'avais donc plus le droit de douter de l'influence du fluide, aussi encouragé par ce début, je continuai à prodiguer tous mes soins aux personnes qui me demandaient de leur être utile.

Quelques temps après, une dame atteinte de névralgie (maladie inguérissable par la médecine) se présenta chez moi, ayant un violent mal de tête, en me disant que depuis plusieurs années, elle avait tout fait pour se guérir, et qu'elle n'avait jamais pu obtenir qu'un résultat, souffrir davantage par l'application de vésicatoires, de morphine, etc., etc. et quelle était décidée à ne plus rien faire puisque les médecins sont

impuissants, je lui racontai la guérison ci-
dessus, et que, si elle voulait, j'essaierai de
la guérir aussi, ah, mon cher Monsieur, les
médecins ne peuvent rien, me dit-elle ;
comment voulez-vous me guérir, je lui ré-
ponds : mais enfin si vous le voulez je vais
essayer de vous guérir et en effet je l'entrepris et une fois tous les jours pendant
quinze jours je lui ai prodigué mes soins
à cette époque elle fut guérie et depuis six
ans, elle n'a jamais ressenti aucune atteinte
de névralgie.

Je pourrais faire encore une quantité de
déclarations des cas de guérison que j'ai
obtenus, et si par hasard il se présentait un
contradicteur, je lui donnerais toutes les
preuves de ce que j'avance, en le mettant
en présence des personnes guéries.

Donc, pour moi et pour une quantité de
personnes, il n'y a aucun doute pour les cas
de guérison par les fluides, il est vrai que
ces guérisseurs n'ont jamais été suivre les

cours d'une école de médecine, par conséquent ne sont pas docteurs, ne peuvent être aux rang des hommes célèbres, ils sont humbles, ils se contentent de soulager leurs semblables et le plus souvent pour récompense, ils sont l'objet de critiques, poursuivis devant les tribunaux et atteints dans les ressources nécessaires à leur existence ; et par qui ! par les savants du corps médical. Hommes fiers, orgueilleux, qui tuent l'être humain par le résultat de leurs études et qui, jaloux de voir ces humbles serviteurs de l'humanité leur faire, non pas une concurrence, mais bien une destruction de leur industrie malfaisante et attentatoire à l'existence de chacun ; les considèrent comme de pauvres charlatans, de crétins exploiteurs de bêtises humaines, qui donc plus qu'eux savent exploiter ; non pas seulement la bêtise humaine, mais aussi la confiance que chaque malade peut avoir dans les talents qu'ils ne possèdent pas, la maladie de chaque client et surtout les pièces de vingt francs des épeurés au moindre malaise; ceux-là surtout que leurs études et la plus grande partie de leur esprit, siègent au fond d'un coffre-fort : font preuve d'une bêtise encore plus grande que le simple travailleur des champs.

Allons, messieurs, titulaires ou non, dans toutes les sciences et habitants des plus belles régions de la société? Ouvrez les yeux devant la lumière. Regardez plus en face les études spirituelles et ne vous plongez pas aussi profondément dans l'étude des choses matérielles, qui, le plus souvent, n'aboutissent qu'à transformer la matière et ne fait qu'éloigner de notre être, l'étude profonde de notre système intelligent.

Imprimerie J. PICHON, 55, rue Tiquetonne.

www.ingramcontent.com/pod-product-compliance
Lightning Source LLC
LaVergne TN
LVHW050319030726
842520LV00005B/1672